U0137487

小怪兽乌拉拉 著

# 过一日
# 古人生活

小怪兽乌拉拉

《过一日古人生活》

CONTENTS
# 目录

01

第五回
宋朝
穿越指南

第六回
明朝
穿越指南

小怪兽乌拉

《过一日古人生活》

# 在清朝当皇帝是种什么体验？

**如果穿越到清朝，**

做皇帝是种什么体验呢？

皇帝是权力的象征、最高的身份吗？

当个皇帝很悲催！

那个……我想娶个老婆……

不行，换一个！

那个……我老婆过生日，我想买个礼物……

不批！没钱！

那个……我想出去逛逛街！

不准！太危险！

# 在古代当皇后是种什么体验？

**如果穿越回古代，**

做皇后是种什么体验呢？

皇后是博爱的象征、国母的身份吗？

**皇后心里苦哇！**

说起来，皇后是后宫一把手，但实际上皇后只是别人任务列表里待打的 boss（老板）。

说到底，皇后就是一纯工具人哪！

---

1.VS、KO、HP 均为游戏中常见用语。分别代表对决、打败、血量。——编者注

我贵为皇后，可为何受伤的总是我？

看着老公勾三搭四，
还不能生气。

皇后

不然一个善妒的帽子
就压过来了。

宠妃

呵呵呵呵，我劝皇上一定要雨露均沾，但皇上就是不听，好烦人哪！

皇后一时是解气了，奈何宠妃转头就去告状了。

# 在古代当宠妃是种什么体验?

**如果穿越回古代,**

做宠妃是种什么体验呢?

宠妃是偏爱的象征、荣宠的身份吗?

即使这样，还有人天天骂你狐媚惑主、红颜祸水，恨不得杀你而后快！

商纣王

报——姬发杀过来了！

小兵

妲己卒

周幽王

报——犬戎杀过来了！

小兵

褒姒卒

杨玉环卒

唐玄宗

报——安禄山杀过来了!

小兵

背锅

宠妃专业背锅三千年!
即便在古时的和平年代,
宠妃头上还一直有个看她
不顺眼的顶头上司(皇后)
压着。

# 在明朝当太监是种什么体验？

**如果穿越到明朝，**

做太监是种什么体验呢？

掌权太监是武力的象征、千岁的身份吗？

咱家心里苦哇！

人们都说太监是大反派，
以为我们武功高强，
能一手遮天，
天天躲在小黑屋里密谋杀忠臣。

实际上，都是忠臣对我们喊打喊杀呀！

权倾朝野的太监能有几个？大部分太监都是来做高级服务员的呀！

就这竞争还很激烈！

明朝有一次公开招聘太监，
有足足两万人来应聘！

# 在明朝当驸马是种什么体验?

**如果穿越到明朝,**

做驸马是种什么体验呢?

驸马是美梦的象征、光彩的身份吗?

**在明朝当驸马是种什么体验？**

你一定以为是升职加薪，
迎娶白富美！

从此走上人生巅峰！
想想就有些小激动呢！

别做梦啦!

在明朝,当上驸马就相当于前途尽毁!

不能入仕

不能领兵

不能参加科考

如果公主先挂掉,驸马连公主府都住不了。

啊啊啊……无家可归了!
呜呜呜……

不仅如此，驸马在家里也低人一等。
驸马还需要每天向公主行礼问安。

公主

驸马

就连公主吃饭，驸马也要
"侍立于旁"。
公主坐着你站着，公主吃
着你看着。

怎么感觉娶了个祖宗呢！
呜呜呜……

更惨的是，如果你敢有二心，

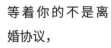

等着你的不是离婚协议，

而是老虎凳、辣椒水、虎头铡哟！

所以，如果你真当上了驸马，场景一定是这样的！

儿子不孝哇，被公主选中了当驸马！

# 在古代当大侠是种什么体验?

**如果穿越回古代,**

做大侠是种什么体验呢?

大侠是正义的化身、炫酷的身份吗?

喂，醒醒，这种大侠只在小说里存在。

这种帅气的身姿只存在于你的江湖美梦中。

背景音乐《铁血丹心》响起……

真正的大侠实际上只是一名社会闲散人员！

求职　金牌打手　看家护院

大侠也属于治安的
重点打击对象！

大侠排队进城

携带管制刀具，
拿下！

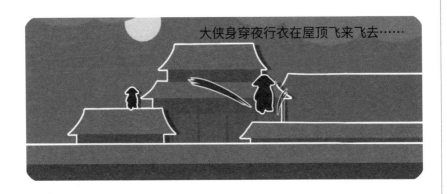

大侠身穿夜行衣在屋顶飞来飞去……

违反宵禁令，抓他！

并不是每一个大侠都身怀绝世武功!

更多大侠身负的都是悬赏和欠债!

别追了!救命啊!!

# 在古代当县令是种什么体验？

**如果穿越回古代，**

做县令是种什么体验呢？

县令是公正的象征、父母官的身份吗？

县令，俗称七品芝麻官。

你是不是以为县令的日常就是以下情景：

升堂！

实际上，县令的职责比你想象的要多得多！

县令号称百里侯，他既是县长，也是公安局长、法院院长、税务局长、教育局长、粮食局长、房产局长……

明镜高悬

大人，不好啦，西街的寡妇要状告东街的老汉！

不过县令职责虽多，好在有一群秘书帮忙处理。

而且，油水自然是少不了的！

嘿嘿！

当然也不是所有县令都过得那么滋润。

万一被分配到一个鸟不拉屎的边疆小城……

刚翻过了几座山

又越过了几条河

本官自东土而来，欲往西天取经，啊不，上任！

特别
体验篇

# 在明朝当王爷是种什么体验？

**如果穿越到明朝，**

做王爷是种什么体验呢？

王爷是权钱的象征、富有的身份吗？

在明朝当王爷是种什么体验？

清王（影视剧人物）

这个王爷是南北朝的！

四爷

这个王爷是清朝的！

惨

这个王爷，是明朝的……

大爷，行行好吧！

在明朝，生在王爷家基本上就是当猪的命了。

哼哼

王府

跪地求饶

做官？是不是想造反？

经商？是不是想造反？

于是，王爷们啥也不能干，只能埋头生孩子了。

明朝宗室从明初的五十多人，发展到明末，已经超过了二十万人。

**超20万**

这超二十万头"猪"每天只能眼巴巴地等着朝廷发工资。

可是，朝廷还经常欠着不发！

甚至有宗室被活活饿死了。

来世一定不要生在老朱家呀！

发出猪叫

王爷后悔

特别
体验篇

# 穿越成为乾隆
# 是种什么体验？

**如果穿越到清朝，**

成为乾隆是种什么体验呢？

乾隆是下江南游山玩水、万人之上的身份吗？

## 凌晨五点

## 早上六点

**早上七点**

**早上十点**

**下午三点**

**晚上十点**

小怪兽乌拉拉

《逛一日古人生活》

第二回

如果穿越回古代，
如何赚钱糊口呢？

在古代有多少银两才算富有？

# 古代的一两银子到底值多少钱?

**在古代,**

拿出一两银子是豪爽还是小气?

古代的一两银子到底值多少钱？

小二，结账！

大侠

客官，一共三两银子！

大侠豪掷一锭银子

不用找了！

等一下！

这种场景只可能发生在小说和影视剧里！

明朝的一两银子，换算成人民币，大概有 700 元。

一两银子 ≈ 700RMB

一两银子 ≈ 377斤

在当时可以买到 377 斤大米。

或者 50 斤猪肉！

一两银子 ≈ 50斤

明朝县令一年的俸禄才四十五两银子。

普通人大多用的是铜钱。

散碎银子都属于巨款了！

小二风中瑟缩

# 穿越后如何赚钱？

**穿越回古代一穷二白，**

**到底如何赚钱？**

在古代没钱寸步难行，快来赚第一桶金！

轰隆一声，
你穿越到唐朝。

摸摸自己空空的口袋，
要想活下来，
还是先琢磨怎么赚钱，
抓紧解决温饱问题吧！

在古代常见的行当里，
最赚钱的应该是贩盐。

盐是维持人生命的
必需品。

没有盐
我觉得我要死了

盐也可以用来腌制食物，
使其减缓腐败变质。

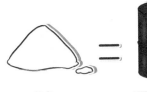  

盐在古代的战略地位，
类似于今天的石油。

贩盐的利润
高达 2000%。

那我就决定摆摊卖盐了。
马上就富可敌国了！哈哈
哈哈……

先慢着！

大唐TV

后悔……

一戴奇怪帽子的男子因贩盐而被拘捕

在唐朝后期，贩卖私盐是和谋反一样的重罪。

抓住可是要砍头的！

那我就写（背）诗，成为才子，不就可以日进斗金了？嘿嘿……

小怪兽马拉拉

《逛一日古人生活》

# 秦朝避险指南

**穿越到秦朝，**

应该注意什么呢？

初次穿越到秦朝，快来看看避险指南！

假如被雷劈，被车撞，爬山拍照时不小心落崖，

此乃虚构
请勿模仿

或者单纯睡一觉起来，突然发现
你穿越了！

而且是穿越到以好施酷刑著称的秦朝！

别慌！
这篇指南就是为你准备的。

难以置信 × 瑟瑟发抖

虽然秦朝律法严苛，但你面对的主要问题
其实是：别人说的话你听不懂！

虽然凭借精湛的演技，

你能侥幸逃过一劫。

但你还是会因为没有身份证，

而被当作逃跑的流民暴打一顿。

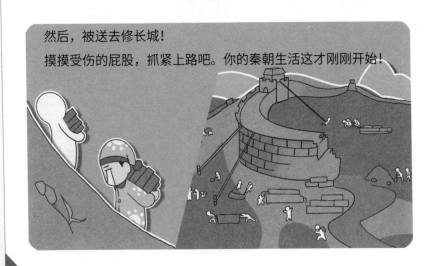

然后，被送去修长城！

摸摸受伤的屁股，抓紧上路吧。你的秦朝生活这才刚刚开始！

# 秦朝饮食指南一

**穿越到秦朝，**

能吃到什么食物呢？

秦朝有什么令人印象深刻的食物？

当一不小心穿越到秦朝时,你能吃到啥呢?

小二,给本姑娘来半斤好酒,二斤熟牛肉……

嘘——客官不要命了?私宰耕牛是大罪,被抓住可是要充军的!

**乌拉拉小知识**

耕牛对于农耕社会有着至关重要的作用,秦朝关于耕牛的法律非常严苛,百姓更是无权私自处理耕牛。

呃……那来碗西红柿鸡蛋面。

抱歉，客官，西红柿现在南美洲才有，明朝末年才传入中土。

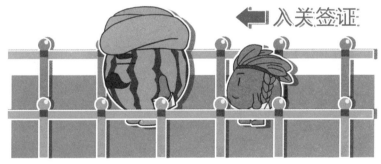

入关签证

**乌拉拉小知识**

西红柿是西方传教士在明朝万历年间，连同向日葵一起带到中国来的。

079

### 乌拉拉小知识

辣椒是人类种植的最古老的农作物之一。

公元前 5000 年，玛雅人就开始吃辣椒了。

直到明朝末年，辣椒才引进中国。

没有辣椒，用大蒜代替也行。

真不好意思，大蒜的种子是西汉张骞出使西域后带回来的。

### 乌拉拉小知识

大蒜原产于西亚。在古代埃及，大蒜一度被当作货币。以大蒜作为护身符在希腊等地至今仍流行。大蒜后来由汉代张骞带回中国。

代购大蒜

那你们有什么调味料哇?

客官可算是来着了。我们有肉酱、鱼酱,还有秘制的蜗牛酱、蚂蚁酱、青蛙酱、蜜蜂酱……

妈妈,我要回家……

委屈

### 再次穿越到秦朝

还能吃到什么食物呢?

秦朝有什么令人流连忘返的食物?

这都下午三点了，怎么还不能吃饭哪？

秦朝平民一天只有两顿饭，你要是吃得太早了，当心半夜被饿醒。

我不管，我现在就要饿死了，我们快去吃饭！

真拿你没办法，那我们就开饭吧！

为啥是单人餐？没有炒菜吗？

秦朝大家都是分餐的，秦朝主要的烹饪手法就是水煮和烧烤，魏晋才开始普及炒菜。

水煮

烧烤

你就别那么多要求了。

那这也太清淡了吧？我要吃肉！

肉倒是有，烤鸭、烤乳猪、烤全羊，味道都不错！唯一的问题是比较贵。

贵

烤鸭

烤乳猪

烤全羊

何以解忧？唯有暴富

**暴富** 穿越不能当龙傲天

贵不是它的问题，是我的问题

主角光环一点都不亮，连肉都吃不起

# 秦朝穿衣指南

## 穿越到秦朝穿什么?

### 统统告诉你!

穿越到秦朝，要想不被人围观，还是先找件衣服穿吧！

秦朝的衣服样式主要有直裾和曲裾两种。

直裾

曲裾

但无论是直裾还是曲裾，
最里面穿的都是开裆裤！

所以，可以尽情想象一下！

秦王扫六合，虎视何雄哉！

横扫
六

秦王

偷偷和你说

他穿的是开裆裤！

不过，你如果穿越到吴越地区，还要适应那边的另一种特色。

那就是——雕题黑齿！直白点讲，就是额头文身，并且将牙齿染黑。

所以，被誉为四大美人之一的西施其实是长这样滴（的）！

沉鱼落雁说的正是小女子！

西施

# 秦朝婚嫁指南

## 秦朝结婚有吉时之说吗?

### 又有哪些礼节?

现代婚礼现场　　当当当当……当当当当……

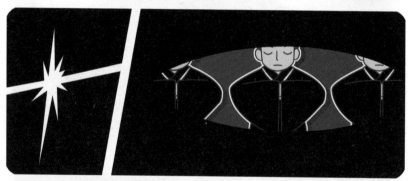

黑衣肃穆　　　　　　　　　　　　　虚弱

嘘——不要惊讶，这是秦朝的婚礼现场。

为啥大家都穿黑色，还哭丧着脸？

婚礼？

这是因为秦朝人结婚一般身穿缁衣或者玄端。

缁衣

玄端

父母与宾客也都是一身黑。

而且不能奏乐，
全程肃穆悲伤。

那为啥婚礼这会儿天都要黑了?

因为婚礼也叫"昏礼",本来就是在黄昏时举行的。

昏礼 ➡ 婚礼

坏笑

洞房

新娘

那婚礼结束岂不是要进洞房了?! 我不要哇! 嘤嘤嘤……

放心啦，你还要等三个月才能算完婚呢。这三个月内，新郎不会对你怎么样的！

三个月

欸，这是为啥？

因为秦朝民风比较开放，这是为了检测这三个月内新娘的肚子会不会变大。

预防新郎"接盘"喜当爹呀！

# 秦朝吵架指南

## 秦朝骂人都是用什么词？

### 可别说错话！

你跟着乌拉拉穿越到秦朝，走在大街上。

迎面撞上一个男人。

哎哟！疼死了！浑蛋，你走路不看路的吗？

在秦朝，没人说"浑蛋"的，你可以骂他"竖子"。

"竖子"这个词也太没气势了，还有其他的说法吗？

不知所云

# 秦朝如厕指南

**在秦朝闹肚子上厕所，**

先做好心理准备！

您是要如厕呀,早说嘛!

喏,给您这个!

这是什么?

厕筹

这是厕筹哇!我们这儿都用这个的。

纸张要到西汉才被发明出来，东汉时蔡伦进行了改进。

但是，由于造纸成本还是太高，纸张很长时间没有普及。

一直到元朝，纸才被用来擦屁股。

我们这儿就只有这个能用。

……行吧。

您用完记得还我，这个还可以入药的。

没过多久••••••

# 秦朝睡觉指南：被子篇

**秦朝睡觉大不同，**

会兴奋得睡不着！

日落西山……

太阳下山了，该睡觉啦！

一更就该睡觉了，明儿还要早起干活呢！

睡觉？这才七点好吧！

我睡不着，点上蜡烛，过会儿再睡吧！

蜡烛到了汉代之后才有，你如果真的不想睡，就用这个吧！

掏出火把

算了算了，那我还是睡觉吧。不过床在哪儿呢？

秦朝人不睡床的，老老实实打地铺吧！

那你多给我两床被了吧！

秦朝没有被子，这儿有两件寝衣，你凑合用吧。

呃……行吧……

午夜
12:00

崩溃

果然还是睡不着哇！

# 秦朝睡觉指南：枕头篇

**秦朝枕头的舒适度，**

你给打几分？

这个不是枕在后脑勺下面的，这个要枕在脖子下面。

不止于此呢！

这个还能防止发型被压乱，节省洗头的时间哟！

夏天还可以降低温度，有清凉消暑之功效！

消暑

清凉

# 秦朝取暖指南

**碰到秦朝降温，缺衣服怎么办？**

教你一个好办法！

这么冷的天气，秦朝人都只穿草鞋和单衣？

冷到怀疑人生

那是没有办法！你要知道棉花是南北朝时期才传入中国的，国内大范围种植棉花要等到元朝。秦朝主要用葛和麻来做衣服。

葛、麻

南北朝

棉花

这也太惨了，屋里没暖气就算了，连棉袄都没有。这要怎么活?!

其实也没有那么惨！

像是王公贵族的房子也是有火道的，就跟生暖气一样。

火道

贵族们出门也会抱个手炉取暖，跟暖手宝没差别。

而且贵族们的冬服都是裘衣，保暖性一级棒。

那一般人家怎么办呢？

主要……

靠抖。

迫不得已

第四回

唐朝穿越指南

# 唐朝饮食指南

**如果穿越到唐朝，**

你能吃到什么美食呢？

唐朝是饕客的圣地、吃货的天堂吗？

## 乌拉拉小知识

唐朝的茶可是要加入葱、姜、花椒、桂皮等香料一起煮着喝呢！不只要喝茶水，还要吃掉茶里面的各种"辅料"。所以说，有葱姜忌口的人在唐朝恐怕享受不了文人雅士都爱的茶，无法附庸风雅。

叠似纱

落如雪

薄如蝉翼

## 乌拉拉小知识

唐朝人非常喜欢吃鱼,有一种鱼的做法叫作"切鲙",就是细切生鱼片的意思。唐朝的切鲙落如雪,叠似纱,薄如蝉翼!有杜甫的诗句"无声细下飞碎雪,有骨已剁觜春葱"为证。

客官，要尝尝吗？我的描述不足以形容它绝美的味道！

原来开的是日料店哪！

**NO, NO, NO！**

大错特错！日料里的生鱼片还是从我们这儿学过去的呢！

**乌拉拉小知识**

切脍听起来是不是有点像现代日料里的生鱼片？其实，日料里的生鱼片就是从我国唐朝学过去的呢！

生鱼片最早出现在古代中国，在唐朝极为流行，盛宴上如果没有生鱼片（生鱼脍，也叫鱼生）这道菜，都不好意思说丰盛。

### 乌拉拉小知识

鲤鱼在现代是十分常见的淡水鱼类。然而，在唐朝，鲤鱼是国家特级保护动物，不仅不能吃，连鲤鱼的名称都不能乱叫，"言鲤为李也"。

唐朝文学家段成式在《酉阳杂俎》里有这样一段记载："国朝律：取得鲤鱼，即宜放，仍不得吃。号赤鲟公，卖者杖六十。"

这就是唐朝一条特别的"霸王条款"。在唐朝饭店里点糖醋鲤鱼，应该算自讨苦吃。

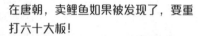

在唐朝，卖鲤鱼如果被发现了，要重打六十大板！

皮开肉绽的那种！

呵呵

嘭

唐朝保命指南：切勿觊觎鲤鱼美味，小命要紧！重要的事情请谨记！

### 乌拉拉小知识

按照唐朝的法律，如果不小心钓到或买到了鲤鱼，切记要立刻放生。因为鲤鱼的尊贵地位，唐朝百姓都对它敬而远之。

那还能点什么呢？在唐朝点餐真让人头秃！

烤羊肉要不要了解一下？

## 乌拉拉小知识

唐朝的烧烤叫作"炙"，而烤羊肉的香味飘荡在每个大唐人的灵魂里。连小学生都知道的唐朝边塞诗人岑参，就是一位烧烤美食家。

**乌拉拉小知识**

在唐朝吃一顿现代烤羊肉串就要耗"巨资"了，不是寻常人家负担得起的。

胡椒的身世了解一下！客官，您确定要点烤羊肉吗？

## 乌拉拉小知识

在唐朝，胡椒可是非常"金贵"的，其金贵程度远超想象。在唐朝，胡椒相当于皇室特供。在同时期的欧洲也一样，如果偷一把胡椒，等同于现代成功抢劫一次银行了。所以，黑胡椒也有"黑色黄金"之称。

胡椒的原产地不是中国。大约在汉朝时，产于东南亚的胡椒从中亚传入中国。胡椒抵达唐朝的首都长安，要经过漫长而艰辛的丝绸之路，运输成本极为高昂。高昂的运输费，加上中间商赚差价，胡椒的"身价"自然水涨船高，比黄金还贵。

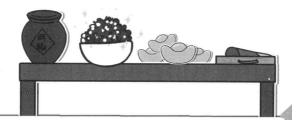

**乌拉拉小知识**

唐朝人平时吃什么水果呢？和胡椒同理，完全取决于当时栽种或引入了哪些水果。所以，在唐朝是当不成"吃瓜群众"了！

呜呜呜，我想回家，吃妈妈做的西红柿炒鸡蛋！

哎哎……客官，您别走哇！客官！

# 穿越到唐朝：再探美食

### 唐朝还有什么特色美食呢？

先吃为敬！

穿越到唐朝后，早上醒来就要面对第一个终极问题！

早上吃啥？

小姐，想要用早膳哪？

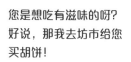您是想吃有滋味的呀?好说,那我去坊市给您买胡饼!

卖胡饼哟!

这是来大唐的胡人的手艺,用白面做好坯子后抹上油,再撒上芝麻烤熟。

正宗胡饼

甭提多香了！

听起来好像烧饼……还有其他选择吗？

还有还有，蒸饼也好吃呢！

蒸饼是用发酵过的面皮裹上肉，
再上笼蒸熟的。

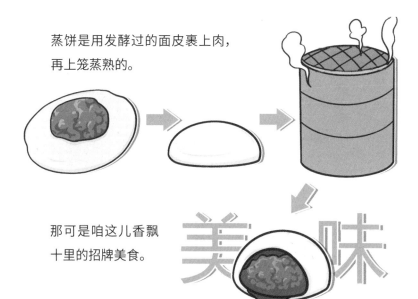

那可是咱这儿香飘
十里的招牌美食。

这……不就是
包子花卷吗？

还没完呢，咱这儿
的煎饼也是一绝！

煎饼是把杂菜和面揉到一起下锅煎。

捞出放凉后吃
无比美味。

这不就是油炸丸子吗?!
唐朝人是有多喜欢"饼"
这个字呀……

我们这儿还有春饼、松花饼、千层饼、五福饼、消灾饼、面起饼、八方寒食饼、双拌方破饼、曼陀样夹饼等等。

我是乌拉拉，穿越到唐朝你最想去吃什么饼呢？

# 唐朝花钱指南

**你以为到了唐朝花钱就是买买买这么简单？**

首先要学会认钱！

宋朝时才开始出现纸币。

纸币

唐朝的流通货币主要还是铜钱，
但是黄金其实也是硬通货。

# 在唐朝当有钱人指南

**这次当个土豪，**

开启爽歪歪的人生可好？

当你轰隆一声穿越到唐朝初年，而且还成了一名富商时，你的生活会是什么样子的呢？

啊哈哈哈哈，老子有的是钱！先娶个三妻四妾再说！

老爷，咱这儿是一夫一妻制，一妻之外的女子只能叫作"妾"。

那我娶一妻六妾，没问题了吧?

是没问题……

但是夫人会打断您的腿的!

唐朝法律规定，商人
只能穿粗布衣服。

买来丝绸衣服也
只能看着。

望梅止渴

那我去做官！

可是本朝法律规定，商人不许入仕。

那我生个儿子去考科举！

那也不行，三代以内都没戏！

李白

连诗仙李白都因为他爸是商人，而没办法去考功名呢。

求入仕

# 唐朝科举指南

**学好数理化，**

来到唐朝还会怕吗？

早在唐朝，科举考试就已经分很多科目了。

可能就是考进士科，既要背四书五经，

吟诗作对，

又要关注时事政治。

此外，还有的考试是考算术、法律、武术之类的。

暴躁摔算盘

# 唐朝恋爱指南

**唐朝民风开放，恋爱自由，**

这是真的吗？

在唐朝，婚姻自由是种什么体验？

不要以为古代都是包办婚姻。

在唐朝，谈起恋爱来是相当自由的！

唐朝女子

要爱情！
要自由！

如果父母不同意怎么办？

只要两人情投意合，

私订终身也是受法律保护的！

不过，也是因为太自由了，唐朝宫廷的家庭关系简直是一团乱麻。

武则天先当了唐高宗李治的后妈，后来又成了他老婆。

李隆基先是杨玉环的公公，后来又成了杨玉环的老公。

因此，如果唐朝皇帝们聚在一起，场面应该是这样的：

# 唐朝称呼指南

**现代的称呼放到古代，**

**你敢喊吗？**

当你轰隆一声穿越到唐朝时，出现在你面前的是李世民李二哥！

凭着常年钻研古装剧积累的经验，你倒头就拜。

皇上万岁！

李二哥会投来看傻子的眼神。

扑通

因为在唐朝，除了书面用语，人们很少用"皇上"一词。

一般都是叫"陛下"或者"圣人"。

"万岁"这种词更是马屁精专用的。

导致魏大人一脸蒙的原因是，"大人"在唐朝是对父母的专有称呼。

毫无防备喜当爹，不蒙才怪。

因此，在唐朝，千万别乱用"大人"这个称号。

否则，各位"大人"会慈
爱地抚摸你的小脑袋瓜。
而令尊大人会拿着棍子追
你三条街。

你慌不择路、口不择言，竟然喊出：

大哥，我错
了呀！

哎，这个反而没叫错。在唐朝，也可以称呼父亲为"哥哥"。

这个穿越小技巧你学会了吗？

# 唐朝吵架指南

**穿越到唐朝，火冒三丈时，**

说什么话才能发泄愤怒？

穿越到唐朝，

如果走在大街上听到有人这样叫你。

那边那个汉子！叫你呢！

汉子　　　　　　　　古人

基本上就是在说:
你这个大傻子。

暴怒

还有当兵的被骂作
"军汉"。

经商的被骂作
"市井汉"。

如果实在不知道对方是什么
职业，说"老汉""痴汉"
也是这个意思。

因此，在唐朝，如果遇到有人叫你汉子，记得要狠狠地回击！

# 唐朝洗头指南

**穿越前忘记带洗发露，**

怎么办？

学习下唐朝人的洗头法！

那是啥？

篦子

这是一种特别细密的梳子，
中间有梁儿，两侧有密齿。

功能主要是刮头皮
屑和藏在头发里的
虱子！

救命！

草木灰和淘米水，你选一个吧！

草木灰

淘米水

妈妈，我要回家！

# 唐朝的外国人娶老婆指南

## 外国人在唐朝

### 找老婆的难度指数是多少？

唐朝因为国家繁荣，吸引了不少外国人不远万里前来。

很多外国人久居大唐，
便想要与大唐女子结婚。

因此，许多外国人便长久地留在大唐，甚至不再回国。

回什么家？大唐就是我的家。

小怪兽乌拉拉

《过一日古人生活》

# 宋朝美食指南

**宋朝吃货多，**

原因在这里！

# 馒头

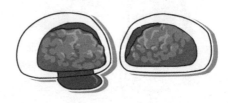

咱这儿的馒头都是有馅的。

# 炊饼

您要吃的那种没馅的，名为炊饼。

咱这儿最有名的是武大郎家的炊饼，我这就去给您买！

大郎，该喝药啦！

危

武大郎

不忙，先给我上你家的招牌菜吧！

您可算来着了。

**大吃货**

**大诗人**

苏东坡

我家的招牌菜可是大吃货……

啊不，大诗人苏东坡……

苏东坡创制的东坡肉色如玛瑙，肥而不腻，在其他地方您可是吃不到的。

这是为啥?

这是因为咱这儿的肉食以羊肉为主,猪肉其实是很少见的。

羊肉? 那岂不是有烧烤吃?

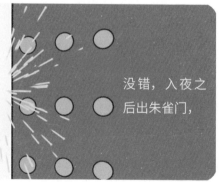

没错,入夜之后出朱雀门,

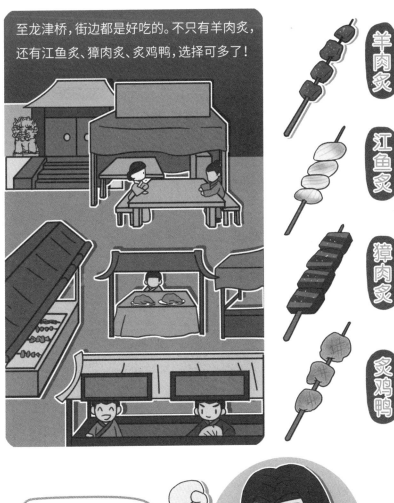

至龙津桥，街边都是好吃的。不只有羊肉炙，还有江鱼炙、獐肉炙、炙鸡鸭，选择可多了！

羊肉炙　江鱼炙　獐肉炙　炙鸡鸭

哇！吃货穿越到宋朝来真是太——幸——福——啦！

# 宋朝订外卖指南

**想足不出户吃到美食，**

**在宋朝也能办到！**

宋朝很多人家里都不做饭的。

一般都下馆子,

或者叫外卖解决。

而且，如果在外边喝酒喝多了，
您还可以找代驾。

让人牵着你的马把你送回来！

看来我们玩的都是
古人玩剩下的！

# 宋朝吃冷饮指南

### 吃货天堂宋朝

怎能少了冷饮？

一不小心穿越到宋朝，竟然可以吃到冰激凌？！

1. 制冰

2. 仔冰

冬天把冰放在冰窖里，夏天取出来凿碎，往里面放糖、果汁，就做成香甜凉爽的冰酪了！

5. 添加配料

3. 凿冰

4. 放果汁

完成

哇，这不就是冰激凌吗？

在马可·波罗带回的配方中加入了橘子汁、柠檬汁等。

将其改为"夏尔信"冰激凌，冰激凌这才开始在全球流行。

夏尔信冰激凌

这样啊！那你家还有什么好吃的？

那多了去了！我家其他招牌有"冰雪甘草汤""生淹水木瓜""雪泡梅花酒""凉水荔枝膏"！

冰雪甘草汤

生淹水木瓜

雪泡梅花酒

凉水荔枝膏

哇！每样我要来十份！

# 宋朝洗澡指南

**宋朝没有沐浴露，**

洗澡用什么呢？

胰子是用猪胰脏加上猪脂肪还有草木灰做成的。

# 胰子

胰脏 脂肪 草木灰

哎，为什么听起来很脏啊？你确定能洗干净吗？

这就要从化学的角度解释了。

消化酶

脂肪

猪胰脏里的消化酶遇到脂肪会分解成高级脂肪酸。

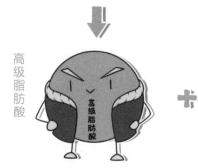

高级脂肪酸

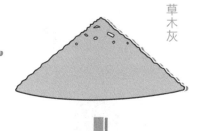

草木灰

脂肪酸皂

再加上草木灰里的碱，就会生成脂肪酸皂，现代肥皂的主要成分也是这个啦。

哇，古人好厉害呀！

不止呢。在胰子里加入不同的香料，还可以做成桂花味的、菊花味的等等！

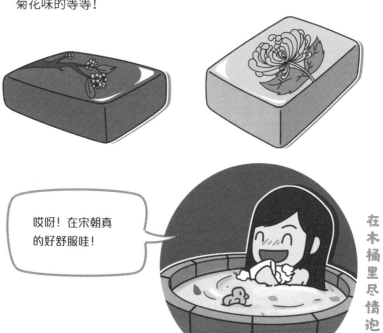

哎呀！在宋朝真的好舒服哇！

在木桶里尽情泡澡

# 在宋朝当娱记指南

**宋朝重文轻武，**

当娱记前途无量。

穿越到宋朝，你可以选择——
当狗仔！

狗仔

啥？

喀喀……准确来说
是小报记者。

宋朝还有这个行
当呢？

小报记者

只要是家里稍微有点钱的人，都是手握两份报纸的。

一份是邸报，官方发行，报道国家大事。

另一份就是小报。
这小报就厉害了。

上至皇帝与后宫佳丽
的爱恨情仇，下至街
头名人的八卦逸事，
就没有不敢写的！

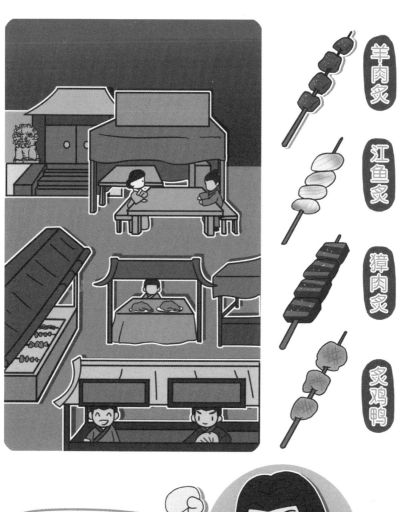

羊肉炙

江鱼炙

獐肉炙

炙鸡鸭

妈妈，我要去宋朝……

第六回

明朝穿越指南

# 明朝穿衣指南

### 精致的明朝服饰

代表中华文明璀璨的文化。

当你轰隆一声穿越到明朝时，你会看到这样的场景。

哎？我这是到韩国了？

错，你是韩剧看多了吧！

你觉得眼熟，是因为韩国的古代服饰受明朝影响很大。

明朝的女性喜欢穿袄裙或者褙子。

袄裙

褙子

还会穿云肩作为装饰，华美异常。

云肩

明朝男装的帽子，则继承了唐朝
和宋朝的幞头设计。

唐宋幞头

明朝冠后有向上的折角一对，故称"翼善
冠"，民间称"冲天冠"。

明朝幞头

明朝皇帝一般都是
头戴翼善冠，身着
衮龙袍，腰系白玉
带，足穿无忧履。

229

明朝官员的常服则是头戴乌纱帽，身穿圆领袍，腰间束带。

这些都被韩国一并学过去了。

后来，便成为韩国的民族服饰。

韩国学习明朝服饰后

呃……原来是这样啊……

# 明朝上班指南

**上班天天盼假期，**
穿越到明朝也不例外。

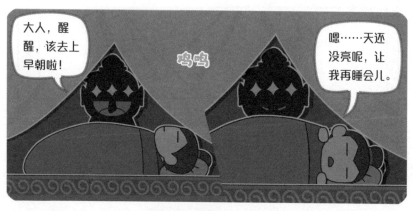

您就知足吧！秦朝时，每年可是连一天的假期都没有的。

就没有清闲点的朝代吗？

宋朝的官员们就很清闲哪！一年有一百多天的假期，一年几乎有一半的时间都在放假！

妈妈，我要去宋朝……

# 明朝人为什么钟爱打屁股?

**明朝奇葩多，奇葩事也多！**

明朝，是中国最流行打屁股的朝代。

不仅每一个皇帝都打过大臣的屁股，

而且还出现了嘉靖皇帝这种同时暴打了一百三四十人屁股的"打屁股狂魔"。

为什么？为什么？？？

明朝人喜欢打屁股，
首先要感谢朱元璋。

他作为一个放过牛、要过饭、当过和
尚的皇帝，

对那些高高在上的士
大夫非常痛恨。

238

所以，他觉得要让这些文化人感受一下……

肉体和灵魂的双重打击。

最强

而屁股作为人身上物理防御力最强的隐私部位，毫无疑问，就是最理想的发泄点。

可令老朱没有想到的是，明明是一种侮辱，

大臣们后来居然主动了起来。

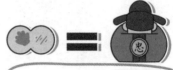

原因是，被打屁股象征着该大臣直言劝谏。所以，官员们"被打屁股"后，经常获得满朝文武的夸赞。

老铁666哇（兄弟牛哇），纯爷们！

就这样，一个愿打，一个愿挨。

陛下，大力点，不要怜惜微臣。

# 明朝锦衣卫也是大明第一铲屎官

## 为什么锦衣卫是大明第一铲屎官？

还是"大明第一铲屎天团"。

明成祖朱棣夺位后，不仅恢复了锦衣卫，还对其进行了大扩招。

锦衣卫有很多奇怪的下属部门。

其中有一个部门，叫驯象所。

顾名思义，这个部门就是给大象铲屎的。

每逢过年过节，皇家举行重要庆典，都得由锦衣卫带着大象巡回游街。

发飙哇！

万一你和大象不熟，巡游时，它可能会突然……

除了要给大象铲屎之外，锦衣卫还需要根据皇帝的个人需求……

铲各种各样的屎。

如明朝第一熊皇帝朱厚照。

朱厚照

他建了个养各种各样的珍禽异兽的场所。所以，锦衣卫每天都要……

给皇帝的鹰铲屎，

给狮子铲屎，

给蟒蛇铲屎。

万幸世上没有真的麒麟，否则还得……

**图书在版编目（CIP）数据**

过一日古人生活 / 小怪兽乌拉拉著 . -- 长沙：湖南文艺出版社 , 2023.9
ISBN 978-7-5726-1373-9

Ⅰ.①过… Ⅱ.①小… Ⅲ.①社会生活－中国－古代－通俗读物 Ⅳ.① D691.93-49

中国国家版本馆 CIP 数据核字（2023）第 156498 号

上架建议：畅销・知识漫画

GUO YIRI GUREN SHENGHUO

过一日古人生活

著　　者：小怪兽乌拉拉
出 版 人：陈新文
责任编辑：匡杨乐
监　　制：邢越超
策划编辑：李彩萍
特约编辑：张春萌
特别鸣谢：陈亚光
营销编辑：周　茜
封面设计：利　锐
版式设计：风　筝
特约策划：北京漫天下风采传媒文化有限公司
出　　版：湖南文艺出版社
　　　　　（长沙市雨花区东二环一段 508 号　邮编：410014）
网　　址：www.hnwy.net
印　　刷：北京中科印刷有限公司
经　　销：新华书店
开　　本：875 mm×1230 mm　1/32
字　　数：40 千字
印　　张：8
版　　次：2023 年 9 月第 1 版
印　　次：2023 年 9 月第 1 次印刷
书　　号：ISBN 978-7-5726-1373-9
定　　价：49.80 元

若有质量问题，请致电质量监督电话：010-59096394
团购电话：010-59320018